GENEROSIDADE

4ª edição

Tradução
Valeriano de Oliveira

QUADRANTE

São Paulo
2023

Título original
La prière de toures les heures, textos escolhidos

Copyright © Éditions Lessius

Capa
Provazi Design

Dados Internacionais de Catalogação na Publicação (CIP)

Charles, Pierre
    Generosidade / Pierre Charles; tradução de Valeriano de Oliveira — 4ª ed. — São Paulo: Quadrante, 2023.

ISBN: 978-85-7465-540-6

1. Generosidade 2. Virtudes 3. Vida cristã I. Título
CDD-200.19

Índice para catálogo sistemático:
1. Generosidade : Vida cristã 200.19

Todos os direitos reservados a
QUADRANTE EDITORA
Rua Bernardo da Veiga, 47 - Tel.: 3873-2270
CEP 01252-020 - São Paulo - SP
www.quadrante.com.br / atendimento@quadrante.com.br

SUMÁRIO

E OS PAGÃOS? 5

CASA DE NEGÓCIO 13

QUANDO ESTAVAS DEBAIXO
DA FIGUEIRA.. 21

ABANDONANDO AS REDES...................... 29

QUEBRADO O FRASCO.............................. 37

DUAS PEQUENAS MOEDAS...................... 45

O MEU JUGO É SUAVE 53

QUANDO EU VOLTAR... 61

ATÉ A BORDA... 69

EU SOU O CAMINHO 77

CÂNTICOS GRADUAIS 85

E OS PAGÃOS?

Porque se amais os que vos amam, que recompensa haveis de ter? Não fazem os publicanos também o mesmo? E se saudardes somente os vossos irmãos, que fazeis de especial? Não fazem o mesmo os pagãos? Sede, pois, perfeitos, como também vosso Pai celestial é perfeito (Mt 5, 46-48).

Os demônios deram testemunho de Vós, Senhor. Não vejo por que motivo não poderiam os infiéis instruir-me, por que motivo não seriam eles capazes de transformar o meu orgulho de fariseu satisfeito e esclarecer-me sobre a nulidade de minhas obras.

Sou muito inclinado a tirar vantagem de todas as minhas comparações, e, quando penso nos pagãos, começo a enumerar com reconhecimento orgulhoso tudo o que tenho — por Vós — e eles parecem não possuir. Imagino que podem e devem servir de repulsa à minha virtude, e olho-os de cima, como o conquistador civilizado olha para os selvagens que coloniza. E creio facilmente que os vossos juízos, ó Deus, estão ao nível dessas apreciações mesquinhas, e que reservais todas as vossas graças e toda a vossa glória para aqueles que Vos servem publicamente e trazem no mundo o vosso nome.

Eis, porém, que nos propondes os pagãos como exemplo e nos dais a entender quão pouco os nossos méritos nos elevam acima deles. O que pesa em vossa balança não são as pretensões, mas as ações, e os nossos orgulhos pessoais não nos dão direito ao vosso olhar. Em todas as tribos e em todas as raças, o vosso Espírito santificador escolheu eleitos. O invólucro pagão encobre muitas vezes frutos de graças escolhidas, e a semente de eleitos cai de vossas mãos sobre toda a terra.

E agora começo a considerá-los como meus irmãos segundo a raça, a eles de quem a Santíssima Virgem é também Mãe de misericórdia, a eles que caminham penosamente por caminhos difíceis, na noite repleta de inimigos ferozes, a eles que tropeçam e tateiam e a quem desprezei com o orgulho insensato da minha juventude.

Não ouso dizer que sejam melhores que eu todos esses pagãos, porque isso seria injuriar o meu batismo e o vosso amor inquieto de Redentor vigilante. Mas muito menos ousaria julgar-me melhor do que eles, pois temo que um raio da vossa verdade venha fulminar a minha mentira, e lembro-me também de que Vós abandonais os que se enaltecem.

Receberei portanto a vossa lição, sem glosa e sem comentários, como os olhos recebem a luz e como o deserto aceita a chuva.

Que fazeis de especial? Que fazeis a mais do que esses pagãos? Onde a superioridade das vossas obras? Que há que ultrapasse, na vossa vida, o limite do dever honesto e das virtudes naturais?

Que fazeis de especial? Estas poucas palavras cravam-se como esporões no dorso de todas as mediocridades e de todas as preguiças; podem ferir até sangrar o orgulho dos satisfeitos, e sua exigência benévola só terminará quando for plenamente atendida, quando tivermos chegado a Vós.

A minha paciência! Que irrisão! Até mesmo os pagãos ter-se-iam talvez envergonhado dela! Sou amável com as pessoas que me são simpáticas, e pergunto se há um momento na minha vida em que tenha verdadeiramente *aceitado* o próximo por amor de Vós. Toda a minha virtude — pobre estratégia — consiste em fugir aos que me desagradam, e porque, não estando com eles, nada lhes digo de desagradável, estou em paz com a minha consciência e acho que o meu comportamento é muito cristão. *Não fazem o mesmo os pagãos?* Sêneca, Plutarco, Cícero pregaram e praticaram virtudes moderadas; se procurardes em mim, Senhor, o que fiz a mais que todos eles, tenho medo de que volteis com as mãos vazias. *Que fazeis de especial?*

A minha piedade, ainda tão mendiga, volta-Vos as costas logo que a vossa Providência lhe enche as mãos; esta oração que só se reanima um pouco quando se trata de solicitar privilégios e fugir às tarefas comuns, lembra-me vivamente as invocações interesseiras dos antigos romanos, que faziam com seus deuses tutelares contratos vantajosos. *Que fazeis de especial?* Preocupavam-se mais consigo mesmos do que em se dedicarem a Vós. Tenho progredido na luta contra esse egoísmo ingênuo?

Assusto-me, por vezes, ao pensar que, se Horácio ou César voltassem ao nosso meio, poderiam falar-me longamente à mesma mesa, sem notarem diferença alguma entre as minhas apreciações e admirações e as suas, entre a minha sabedoria de batizado e a sua prudência ambiciosa. Aprovaria como eles o que brilha, e consideraria mau o que me resiste; zombaria dos ingênuos que se sacrificam sem proveito e se deixam explorar pelos hábeis, e tramaria pequenas ou grandes intrigas para tirar vantagem das ocasiões; e poderíamos felicitar-nos mutuamente, eu e esses pagãos, de havermos levado a bom termo a nossa ambição comum e triunfado pelos mesmos meios inescrupulosos, numa mesma causa egoísta. *Que fazeis de especial?*

É preciso que alguma coisa ponha em relevo a minha conduta e o meu pensamento; que o vosso selo permaneça visível na minha vida. Não desejo o extraordinário nem quero ser notado, mas somente que me torne digno de Vós e que a vergonha da minha mediocridade cesse de pesar sobre a vossa obra. Fazei-me morrer a tudo o que não seja claro e leal, a toda essa vulgaridade de mercador que trago na argila da minha natureza terrena, para que a fé e a caridade transpareçam finalmente através da minha crosta opaca, e para que, ao verem-me, todos pensem em Vós, que sois a luz.

Conservarei ao menos, como relíquia, a estima daqueles que Vos desejaram sinceramente, e já não direi, na cegueira do meu orgulho, que valho mais que os ignorantes, que mereço mais que os selvagens ou que as vossas graças me dão o direito de desprezar os pagãos. O que elas me impõem é o dever de me dedicar incondicionalmente ao serviço destes últimos.

CASA DE NEGÓCIO

Estava próxima a Páscoa dos judeus e Jesus subiu a Jerusalém. Encontrou no templo vendedores de bois, ovelhas e pombas, e os cambistas sentados às suas mesas. E, tendo feito um chicote de cordas, expulsou-os a todos do templo, e com eles as ovelhas e os bois, deitou por terra o dinheiro dos cambistas e derrubou as mesas. Aos que vendiam pombas, disse: Tirai daqui isto, e não façais da casa de meu Pai casa de negócio (Jo 2, 13-16).

O espírito de oração encontra resistências em nós. Quais cordas frouxas, só produzimos sons confusos e tristes ao choque dos acontecimentos; nenhuma música clara e vibrante.

Quando Deus entra em nós para nos falar; quando suas admoestações e avisos querem penetrar em nosso templo, a turba de traficantes instalados sob os pórticos agita-se e impede a passagem.

Porque a minha alma é uma casa de negócio, onde reina o interesse do lucro. Negocio, calculo e chamo, a essas habilidades medíocres, sábia experiência, grande senso prático, prudência consumada. Quem sabe? Deus pode querer enganar-me; suas palavras podem esconder alguma cilada, e talvez queira Ele tirar vantagens à minha custa. É preciso examinar-lhe os desejos, para ver se concordam com os meus interesses; é preciso regatear com suas exigências, estabelecer um *modus vivendi* e forçá-lo a conceder-me algumas reduções de encargos e prorrogação de pagamentos.

Mas todo o regateio com Deus é uma idolatria. Um paganismo abjeto, que ainda não consegui expulsar da minha alma, faz-me ver todas as coisas à luz do meu proveito terreno, como a icterícia que amarelece a pupila dos biliosos. Através dessa visão convencional, a miragem da minha enfermidade faz-me crer que podemos, Deus e eu, sentados no meu balcão de cambista, discutir as condições do nosso mercado.

Ouço aquele que fala dentro de mim. Em face de um sacrifício penoso, tomou a tangente, murmurando: Os outros fariam como eu! Corri atrás daquele que assim fala, prendei-o, levai-o à luz e fitai bem os seus olhos. É um pagão. Certamente nunca foi batizado.

Há, portanto, em nós, no domínio do pensamento, grandes zonas selvagens, onde não penetrou ainda a virtude da Cruz de Cristo. Porque não se trata de saber o que fariam os outros, nem mesmo o que fizeram; não se trata de regular o próprio comportamento pelo dos vizinhos, mas de obedecer a Deus que exige de cada um segundo a sua capacidade, e nos julga conforme o seu dom.

Um Deus com quem se discute, a quem se contesta, já não é Deus, mas um ídolo: porque Deus é Deus justamente por ser único e Soberano.

Casa de negócio. Ouço aquele que fala dentro de mim. Acaba de recusar um ato de dedicação e justifica-se, dizendo: Onde iríamos parar, se precisássemos dizer sempre sim? Mas não ousa acrescentar à sua frase as palavras acusadoras, que lhe dariam o verdadeiro sentido: Onde iríamos parar, se precisássemos dizer sempre sim *a Deus?*

Correi atrás dele, prendei-o e olhai-o em plena luz: é um pagão, quem assim fala dentro de nós. Nunca foi batizado em nome de Cristo, que morreu por todos e amou até o fim. Onde iríamos parar? Há, portanto, fronteiras, barreiras, limites que a Deus não é permitido transpor! Aqui é domínio meu; acolá, dEle. E quando Ele teima e usurpa, tenho o direito de reconduzi-lo muito respeitosamente ao *seu* domínio.

Mas esse é um ídolo, antiga divindade grega ou gênio da floresta ou das fontes, e não o verdadeiro Deus, em toda a parte Senhor, e sempre em sua casa. Por isso, divago e blasfemo se discuto com Ele traçados e fronteiras. Eu é que estou em casa dEle, e Ele nunca usurpa quando invade a clausura do meu jardim fechado.

Casa de negócio. Ouço ainda aquele que fala. Está ajoelhado e parece profundamente submisso. Vejo a sua oferenda no altar, uma oferenda largamente generosa. Deu tudo. Sim, tudo, ou... quase tudo, e agora murmura entredentes: Darei tudo, exceto... isto ou aquilo. Conservou envolta num lençol uma riqueza escondida, uma bagatela talvez, uma insignificância que só tem valor para o seu apego. E eis que na balança da generosidade, a falta, a ausência dessa única coisa recusada, pesa mais que tudo o que deu; e eis que o olhar de Deus se desvia da sua oblação, porque Ele não quer enriquecer-se com os nossos despojos mas encher a nossa indigência.

E não é pobre este oferente, porque é ganancioso como um proprietário, e mesmo mais. Darei tudo, menos o que guardo para mim. Ilusão, mentira pagã! Quem assim fala é um selvagem, um ignorante; nunca foi batizado no Espírito e no fogo. Não sabe o que se deve a Deus.

Que infelicidade a de uma vontade dividida! Na nossa confusão, só ouviremos clamores internos, e nossos rumores nos privarão para sempre do verdadeiro repouso, alegre e fecundo.

A vossa alma não é uma casa de negócio; é, por vocação, um santuário de adoração. Por que atravancastes os pórticos com os *se* e os *mas* de vossas reservas, de vossas delongas e retrocessos? Por que não ajudais o Senhor a derrubar todas as mesas dos cambistas, que trocam valores efêmeros por outros, e só se enriquecem com o que mata? Por que não permitis a Cristo que entre como soberano em sua casa, como Deus incontestável a quem se recebe de joelhos, em adoração humilde e sincera? As queixas e recriminações, os rancores e más disposições, toda essa turba de jebuseus e amorreus que invade a minha terra santa, tudo isso se retire, Senhor, para que só Vós reineis em mim, pacificamente e para todo o sempre.

Casa de negócio. A oração poderá chegar à raiz da minha atividade e impregnar toda a minha vida, se me decido a suprimir o que há de paganismo em mim, a não me refugiar nos princípios da pseudossabedoria, e se, colocando cada coisa em seu lugar, compreender que o vosso lugar, ó meu Deus, não é o primeiro, mas o *único*. O resto nada é, senão em Vós, porque Vós não sois o primeiro termo de uma série. Não devemos deixar-Vos para passar a outra coisa, porque sois o Absoluto e, portanto, o Incomparável.

QUANDO ESTAVAS DEBAIXO DA FIGUEIRA

Filipe encontrou Natanael e disse-lhe: encontramos aquele de quem escreveram Moisés na lei e os profetas: Jesus de Nazaré, filho de José. Natanael disse-lhe: De Nazaré pode porventura sair coisa que seja boa? Filipe disse-lhe: Vem e vê. Jesus viu Natanael, que ia ter com ele, e disse dele: Eis um verdadeiro israelita, em quem não há fingimento. Natanael disse-lhe: Donde me conheces? Jesus respondeu e disse-lhe: Antes que Filipe te chamasse, eu te vi, quando estavas debaixo da figueira. Natanael respondeu-lhe, e disse: Mestre, tu és o filho de Deus, tu és o rei de Israel (Jo 1, 45-49).

Deus é admirável em tudo o que remata, e não é menos comovente no que prepara; visto que estamos a caminho para o termo e que o nosso acabamento não se tornou ainda realidade, poderemos meditar com proveito a ação divina em suas discretas disposições.

A Ascensão é termo glorioso: as nossas velhas ladainhas a chamam admirável; a Ressurreição, que brilha no *Aleluia* da Páscoa, é também um termo e um acabamento; todas as Epifanias são solenes e esplêndidas, e eu não quereria ser avaro de gratidão para com nenhuma dessas festas abençoadas. Conservo a lembrança de multidões ajoelhadas e da Eucaristia triunfante em meio de luzes e cânticos. Sim, tudo isto está muito bem, nunca louvaremos bastante Aquele que está sentado acima dos querubins e contempla os abismos (Dn 3, 55).

Mas o Redentor é tão rico de aspectos que a nossa piedade nunca poderá enumerá-los. Queria, nesta noite, refletir na Providência silenciosa, que prepara lentamente, com infinito amor, tudo o que há de vir.

Quando olhastes para Natanael, sentado debaixo da figueira, ele não o percebeu, mas esse olhar eterno era já de predileção e, sem que ele desse por isso, Vós prendíeis já nas redes da vossa graça esse homem adormecido. Gosto desse gesto silencioso e desse longo olhar invisível. Hoje, sem dúvida, olhais assim para alguma criança que joga bola ou persegue borboletas, e este pequenino não sabe que o predestinastes para ser, dentro de meio século, vosso Vigário neste mundo; não sabe que lhe confiareis um dia a vossa Igreja. Ninguém dentre nós o sabe, mas a vossa vigilância precede os nossos julgamentos mesquinhos e prepara, sem se fatigar, todos aqueles que hão de continuar mais tarde a vossa obra.

Sabeis como se prendem os homens; sabeis como tornar-Vos amado.

Quando lançastes uma estrela misteriosa no céu do Oriente, da qual os nossos astrônomos nada compreenderam, procuráveis atrair suavemente a atenção dos Magos e organizáveis, ainda antes de nascer, a peregrinação eterna da fé para a imutável Belém.

Eu sei que ao longo de toda a minha vida a vossa Providência tem feito surgir estrelas no firmamento. Em minha mente pagã, julgo que os livros da minha biblioteca, as palavras dos meus amigos e os pensamentos que me atravessam o espírito são produto do acaso, sem finalidade nem sentido; mas quando atendo ao que me ensina a fé do meu batismo, sei muito bem que tudo preparastes para que, pelos caminhos do deserto ou pelas ruas da cidade, por conselhos recebidos ou livros lidos, eu chegasse onde estais e adorasse em verdade: *e, prostrando-se, o adoraram* (Mt 2, 11).

Quando o calor das tardes de verão parece impregnado de ternura, sois Vós que tentais atingir-me e procurais fundir a minha rigidez. Atraístes os Magos por meio de uma estrela; e por que não poderíeis comover-me e esclarecer pelo perfume das florestas ou pelo estrondo da cascata, pelas montanhas ou pelo crepúsculo? *Vi tantas coisas à luz da noite!* (Jr 31, 35).

Quando orastes para que a fé de Pedro não desfalecesse, ninguém soube disso. Vós anunciastes que o havíeis feito: *Simão, Simão, eis que Satanás vos busca com instância para vos joeirar como trigo; mas eu roguei por ti, para que a tua fé não desfaleça* (Lc 22, 31-32).

Gosto particularmente desta oração secreta pelo vosso discípulo. Ele ignorava que nesse momento estava em jogo a sua vida eterna e que o salváveis, recomendando-o mais especialmente ao Pai. Adivinho que para mim, como para o Apóstolo, a vossa oração silenciosa foi redentora. Não duvido de que, na montanha como no deserto, conhecendo os meus perigos, tenhais preparado, por vossa oração onipotente, a minha definitiva libertação. E é esta história secreta da minha vida, oculta nos desígnios do vosso amor, que me encanta e comove. Como poderei permanecer vaidoso e acreditar na minha excelência, quando vejo mergulhadas em Vós todas as origens de minhas virtudes?

Quando colocastes entre a multidão dos famintos no deserto um menino com alguns pães de cevada e dois peixes, ninguém supunha que preparáveis um triunfo e anunciáveis a Eucaristia. Esse menino saíra de casa, levando os peixes, sem saber que o vosso Espírito lhe guiava os passos e que, graças ao seu pequeno lanche, um acontecimento formidável, único e eterno, ia dar-se (Jo 6, 5-13). Acontece o mesmo conosco. A vossa Providência assegura às almas, sem ruído, os recursos da fé, prepara reservas de energia, organiza as etapas da virtude e distribui oportunamente os verdadeiros socorros.

Vós preparastes na floresta o madeiro da Cruz, e esta árvore única — *árvore de todas a mais nobre* — foi cultivada para esse fim por vossa Providência; preparastes o peixe milagroso que devia fornecer a Pedro o estáter de ouro (Mt 17, 23-26); preparastes todos os fiéis para Vos ouvirem, como Lídia, a tintureira, de quem os Atos dos Apóstolos (16, 14) nos dizem que lhe abristes o coração para prestar atenção às palavras de São Paulo.

Deus escondido, Vós sabeis construir e juntar peças, reunir e combinar. Não é porventura este o vosso ofício entre nós — *fabri filius* (Mt 13, 55), filho do carpinteiro? Não fazíeis outra coisa em Nazaré. Sabeis tirar de nossas enfermidades a vossa obra eterna. Mas, infelizmente, passamos descuidados por sobre esta Providência, como passamos sobre a ponte sem sequer olhar o rio. Não cessais de Vos ocupar de nós um só dia, mas nós nem pensamos nisso, e nossas más distrações nos esgotam.

Contudo, se quiséssemos refletir, ou se ao menos abríssemos os olhos! Porque, para que hoje me prostrasse aos vossos pés, organizastes o mundo desde há séculos, e cada uma de nossas boas obras é uma resposta que o vosso amor infinito preparou desde a eternidade.

ABANDONANDO AS REDES

Caminhando Jesus ao longo do mar da Galileia, viu dois irmãos, Simão chamado Pedro, e André, seu irmão, que lançavam a rede ao mar, pois eram pescadores. Disse-lhes: Segui-me e eu farei de vós pescadores de homens. Eles, imediatamente, deixadas as redes, o seguiram (Mt 4, 18-20).

Senhor, Vós sois a plenitude. Ensinai-me como me devo despojar, para Vos atingir. Vós sois a riqueza transbordante: será lógico fazer-se pobre para chegar à união convosco? Tenho ouvido sábios, aparentemente judiciosos, falarem sobre este assunto de modo impertinente. Afirmavam que aos vossos Apóstolos não era necessário o despojamento total, ou pelo menos, que não era tão necessário; achavam que era exagero falar de abnegação total e sonhavam com uma perfeição confortável, na qual o vosso amor ajuntasse uma bem-aventurança a todos os legítimos contentamentos, e a alegria da alma se associasse aos prazeres do corpo, de modo que o cristão, vosso discípulo, pudesse viver dias sem nuvens, a salvo de todos os excessos.

Com um pouco de casuística, para justificar o que se vai fazer, e uma pequena absolvição, para esquecer o que se fez, as vossas exigências tornam-se aceitáveis... e o Evangelho perde o seu rigor.

Não ouso afirmar, meu Deus, que esse veneno sutil não tenha penetrado na minha alma; se eu pretendesse que nunca me desviei dos meus princípios, que sempre obtive de mim o máximo, mentiria à luz do sol e as pedras erguer-se-iam para protestar contra a minha hipócrita vaidade!

Não, oh não! As vossas exigências são totais. Para quem deseja a perfeição cristã, a primeira coisa a fazer não é discutir condições convosco, mas aceitá-las todas sem mercadejar. Vós entrais em nossas vidas como um gládio, e sangramos quando nos visitais.

Tenho-Vos ouvido falar a homens e mulheres em termos tão absolutos que a minha timidez ficava assustada. Não dizíeis: Dai-me alguma coisa; mas, com um gesto, mostráveis que era preciso dar-Vos tudo. Não dizíeis: Mais tarde, depois de servirdes os homens, aceitarei de bom grado o que sobrar do vosso amor; mas, com olhar soberano, Vos colocáveis no meio do caminho e exigíeis a doação total do futuro, o abandono, nas vossas mãos, de todas, as esperanças puramente humanas.

Vós sois bem rude, Vós que vos dizeis humilde de coração; sois tão surpreendente em vossas manobras providenciais que a minha fraqueza treme, por vezes, ao pensar que ides sugerir a este ou àquele a austeridade das renúncias absolutas.

Como sempre, tendes razão. Para o saber, basta olhar para aqueles a quem chamamos vossas vítimas, mas que a si mesmos se chamam vossos eleitos. Eles se dão de todo o coração ao sacrifício, não só porque os liberta, mas também porque os cumula; não só pelas glórias futuras do Paraíso, mas também pelas alegrias presentes da caridade e da graça.

Abandonando as redes. Que não mais pensem em suas redes! Vós exigis tudo, pedis o despojamento total, porque quereis encher tudo com um vinho novo e tudo transformar em vida eterna. Exigis que se esvazie o próprio coração, como quem lava cuidadosamente um frasco cheio de líquido azedo, antes de nele derramar o líquido novo. *Passaram as coisas velhas; eis que tudo se fez novo* (2 Cor 5, 17).

O que nos trazeis não se pode comparar com o que possuímos; é como um templo de mármore que deve substituir um templo de madeira. Essa transformação só será possível se todas as peças da construção primitiva e corruptível forem substituídas. É inútil cobrir de ouro dentes cariados; é preciso, primeiro, limpar o que está estragado ou em vias de estragar-se.

Não se devem conservar inexatidões de cálculos errados; só os loucos imaginam que se vê melhor sol acendendo velas. Porque Vós sois único, incomparável, superior e fora de tudo o que é genérico, vindes apagar as nossas velas, até à última, e em nossa noite só a vossa aurora começará a iluminar-nos.

Lembro-me de que, nas grutas subterrâneas, quando se está perto do corredor de saída, apagam-se todas as luzes artificiais para se ver, na neblina azulada, a claridade do dia que avança.

As vossas exigências são tão benéficas! Obrigado por vossas rudezas de Redentor: obrigado por não haverdes permitido que o nosso odor de morte se misturasse ao vosso perfume eterno, ou que combinássemos, em nossas tolas misturas, grãos de amor exclusivamente terreno com o incenso único da vossa graça.

Os vossos Apóstolos tiveram que abandonar as suas redes não para ficarem mais despojados, mas porque os fizestes logo pescadores de homens, e estes não se apanham em malhas de corda. Quando se quer subir para o trem, deve-se descer do carro. Aquele que pretendesse combinar os dois modos de locomoção cairia no ridículo.

As exigências do desprendimento preliminar estão em proporção com os benefícios subsequentes. Para possuir a Deus, é preciso possuir somente a Ele. E o céu não é outra coisa.

Dai-me, Senhor, a graça de compreender e a força de querer. Apego-me tão facilmente a tudo o que é transitório! Sou louco, cego, lunático, e queixo-me como o mau servo, achando-Vos duro e incompreensivo. Por que quereis possuir tudo, e logo, e dado de bom coração? Tais são as minhas tolas murmurações; e procuro obter demoras e prazos.

E, contudo, aqueles que o experimentaram proclamam que jamais lhes faltou coisa alguma, desde o dia em que Vos aceitaram como sua única riqueza. Senhor, não permitais que as minhas covardias pareçam desmentir tão admirável testemunho. O *brilhante exército dos mártires Vos louva*

(*Te Deum*). Não permitais, sobretudo, que, com o pretexto de o suavizar, se tire ao vosso Evangelho o seu sabor; não permitais que os discursos da moleza venham embalar e adormecer as almas que resgatastes.

No dia em que acreditarmos que a fidelidade intermitente e a devoção frouxa são ainda honrosas, e que as generosidades totais e as vocações de dedicação absoluta são exceção aberta ao zelo intempestivo dos fanáticos, nesse dia seremos piores que Sodoma e Gomorra, e renegaremos o vosso Calvário.

QUEBRADO O FRASCO

Estando Jesus em Betânia, em casa de Simão, o leproso, enquanto estava à mesa, veio uma mulher trazendo um vaso de alabastro cheio de um bálsamo precioso de nardo, e, quebrado o frasco, derramou-lho sobre a cabeça. Alguns dos que estavam presentes indignaram-se e diziam entre si: Para que foi esse desperdício de bálsamo? Pois podia vender-se por mais de trezentos denários, e dá-los aos pobres. E irritavam-se contra ela. Mas Jesus disse: Deixai-a; por que a molestais? Ela fez-me uma boa obra... Em verdade vos digo: onde quer que for pregado este Evangelho por todo o mundo, será também contado, para sua memória, o que ela fez (Mc 14, 3-9).

Rogo-Vos que me ensineis nesta noite a ciência do dom perfeito. Porque durante toda a minha vida devo entregar--Vos o que sou, consagrar-Vos a minha liberdade, o meu tempo e as minhas ações. E se não possuir a arte do dom perfeito, arrisco-me a morrer sem realizar completamente e até o fim o meu ato de caridade.

Quem dá oito, podendo dar dez, não cedeu ainda a metade ao seu Deus. Quem dá murmurando, com rosto triste e coração constrangido, quando devia entregar com gesto espontâneo e ceder de uma só vez, está ainda longe da perfeição, não sabe como se enriquece nem como se despoja. Apesar de seus cabelos brancos, é como uma criança, exceto na inocência.

Visto que os pecadores penitentes nos precederão no céu, é justo que tiremos lições salutares do seu arrependimento; uma pecadora pública ensina ao nosso orgulho de velhos escribas a ciência do dom perfeito; uma criatura desprezível, com um só gesto, mostra-nos o que devemos fazer.

Entrou na sala do festim, afrontando olhares zombeteiros ou severos dos que a observavam e a queriam expulsar. Entrou, apesar da vergonha, e seus olhos encheram-se de lágrimas. Reconheceu o bom Pastor, lembrou-se de que era uma de suas pobres ovelhas. E foi o bastante... Oferecerá algo mais que suas lágrimas: traz nas mãos um vaso de grande preço, repleto de precioso perfume. Irá derramá-lo, gota a gota, e depois fechar novamente com cera o gargalo do vaso cinzelado? Oh, não — *quebrado o frasco* —, eis que se ouve o ruído seco de coisa que se quebra; ela rompeu o gargalo da ânfora e, de uma só vez, derramou todo o perfume nos pés do divino Mestre. Eis o gesto, o único gesto verdadeiramente digno daqueles que possuem a ciência do dom perfeito.

Mas ai! a maioria não compreende esses sacrifícios absolutos, nem por que se dá mais do que é preciso, nem por que se dá tudo de uma vez, nem por que se exclui a possibilidade de retomar outra vez o que se deu, e encher novamente o vaso da vida com novo perfume embriagante. E a imolação de uma vida inteira parece-lhes uma prodigalidade absurda, um desperdício inútil. *E irritavam-se contra ela.*

Os pseudossábios nunca estão sem más razões muito judiciosas. Eles vos dirão que Deus não pede tanto; que mais vale prever o futuro e conservar bem abertas as portas de saída; e que é exagero levar as coisas tão longe. Aprenderam que a virtude consistia em não cometer excesso algum, e a generosidade que ultrapassa o limite da estrita obrigação parece-lhes excesso deplorável. Mas vede: essa pecadora pública acaba de derramar nos pés do Mestre o valor de todo um ano de trabalho; mais de trezentos dinheiros volatilizam-se em perfume. Não é uma insensatez? Tinha o Mestre necessidade de semelhante profusão?

Ela fez-me uma boa obra. O Verbo eterno aprova o gesto da pecadora penitente e a propõe como exemplo a todos os discípulos. Não devemos conservar com habilidade e mesquinhez as nossas oferendas, nem servir a Deus o pão cotidiano dos mendigos, como o pedimos para nós. Tudo lhe pertence: a messe e a colheita, o forno e a farinha, e aquele que a amassa. Egoístas como somos, recusamos abandonar-lhe as riquezas de hoje e os recursos de amanhã; e todas as formas de dom total nos amedrontam.

No entanto, ó meu Deus, é preciso que eu compreenda e pratique esse dom total. Destruí em mim o espírito de propriedade e essa mentira que me faz crer que sou aquilo que tenho, e perco o que Vos dou.

Quebrado o frasco. — O perfume que se derrama não é perdido, mas utilizado; não é nem mesmo confiscado por Deus, porque Deus nada confisca; continua a ser meu, se consinto em permanecer perto do Mestre e não sair de sua casa. *A casa ficou cheia de perfume do bálsamo* (Jo 12, 3), e eu encontro de novo os meus dons nAquele a quem os ofereci.

Uma servidão amada e escolhida não é um constrangimento penoso, mas a forma suprema da liberdade.

Quando consagro irrevogavelmente a minha vida ao sacrifício, fico por isso despojado e diminuído? Ando triste e abatido por entre a multidão dos que gozam? A experiência de cada dia prova que é entre os que nada têm que os ricos vão buscar o que lhes falta, e que a alegria permanece sempre viva nos corações que se esvaziaram de toda a inquietação e só desejam o que é eterno.

Senhor, armai-me de santa coragem contra todas as minhas hesitações e pusilanimidades, como o fizestes à pecadora do Evangelho. Não permitais que me matem minhas cobiças ou que eu arraste neste mundo uma alma dividida, temerosa de Vos pertencer sem reserva. Purifique-me o desgosto do gesto avarento, de sorte que já não possa suportar na extremidade do meu braço esta mão que se fecha quando é preciso dar, e que se abre largamente no momento de receber — *fechada para dar* (Ecl 4, 36).

E se, devendo oferecer-Vos a minha vida numa doação que quero irrevogável, eu fizer mais que o simples dever, para me convencer do valor do meu ato e não me importar com as censuras humanas, bastar-me-á saber que louvastes a pobre mulher que aos vossos pés, de um só golpe, *quebrou o seu vaso de alabastro.*

DUAS PEQUENAS MOEDAS

Estando Jesus sentado defronte do Tesouro do Templo, observava como o povo lançava ali dinheiro. Muitos ricos lançavam ali muitas moedas. Tendo chegado uma pobre viúva, lançou duas pequenas moedas, que valem um quarto de um asse. Chamando os seus discípulos, disse-lhes: Em verdade vos digo que esta pobre viúva deu mais que todos os outros que lançaram no Tesouro do Templo, porque todos os outros colocaram do que lhes sobrava; ela, porém, ofereceu do seu necessário tudo o que tinha, todo o seu sustento (Mc 12, 41-44).

Duas pequeninas moedas, alguns vinténs, eis os fracos recursos com que uma viúva forçou, um dia, o coração de Deus. Pode-se dizer, falando em linguagem comercial, que o resultado obtido foi vantajoso. Mas quando se examina o valor eterno dos atos humanos, conclui-se, pelo contrário, que o sacrifício foi heroico.

Porém, uma coisa é certa, e o Evangelho imprescritível o confirma: com alguns vinténs, com duas pequeninas moedas na mão, podemos fazer-nos amados sem medida por Cristo. Sim, contanto que tenhamos duas pequenas moedas. Toda a lição está neste detalhe; não o notando, arriscamo-nos a compreender bem pouco.

Veio, pois, a pobre viúva até o cofre das esmolas. Todos os que entravam depositavam ali alguma moeda. É certo que ela também dará alguma coisa. Não é nada de admirar. Ceder parte de suas posses a Deus e ao próximo; pagar o dízimo dos próprios rendimentos; separar mesmo uma pequena parcela do capital, são operações meritórias, sem dúvida, mas muito humanas, feitas à base de cálculos e cautelas, e, portanto, incapazes de nos dar o sabor do absoluto.

Se a pobre viúva, apesar da sua indigência, houvesse depositado no cofre só uma moeda, isso seria muito louvável, mas Jesus não teria dito aos Apóstolos que aquela mulher o maravilhara. Afinal, os pobres generosos não são raros. São mesmo o maior número. O homem, mesmo na sua miséria, não se recusa a partilhar. Não devemos orgulhar-nos de ter dividido em duas partes os nossos bens e a nossa vida, pensando em Deus e em não guardar tudo para nós. Passar diante do cofre e nada depositar é impiedade; passar e colocar um pouco dos próprios haveres é conveniente e honesto; é um gesto digno de burguês consciencioso.

Mas Cristo viu nas mãos da viúva duas moedas, quanto levava; tinha-as na palma da mão; eram toda a sua fortuna, em duas metades. Porque, ao chegar diante do cofre, não hesitou em lançar a segunda moeda, depois de haver depositado a primeira, suas mãos vazias arrebataram o Redentor e o fizeram estremecer de emoção. O magnífico acréscimo da segunda moeda é que dá todo o valor a essa oblação.

Há coisas que só podemos dar de uma vez. Nem mesmo o mártir pode escolher entre a generosidade e o dever. Morrendo, cumpre simplesmente o seu dever; se fraquejasse, ainda que fosse no último instante, pedindo concessões, seria considerado perjuro. Mas há outras que podemos dar em parte; há meios de traçar na existência linhas fronteiriças que nos põem a salvo de toda a censura e não nos privam da liberdade. Ter duas moedas na mão e, depois de deitar uma, largar também a outra, é uma experiência absoluta e total, e em certo sentido um acabamento perfeito.

Nunca me será possível fazer a experiência do absoluto na riqueza, porque posso adquirir sempre mais e melhor; nem no poder, porque posso sempre dominar maior número de pessoas e ampliar a minha influência... Mas a pobreza e a abnegação podem ser estritamente absolutas.

Quando tenho vazias as duas mãos, posso desafiar qualquer um a esvaziá-las mais; se renuncio à minha independência e me entrego à divina vontade, quem poderá ainda abalar-me? Aquele que bebe nunca poderá beber tudo; o que ouve, nunca acabará de ouvir; e o que vê, achará sempre novos espetáculos para admirar; mas se fecho os olhos, sei o que é a ausência completa de objetos; se tapo os ouvidos, sei o que significa o silêncio total; e, se não bebo nada, não poderá haver algo a mais ou a menos nesse ato.

A viúva das duas pequeninas moedas atingiu um limite. Precisamente por ter sido sem reserva, o seu gesto foi tão poderoso. Antes dela, a pecadora pública havia quebrado o seu frasco de perfume, daquele perfume caríssimo, do qual o próprio odor lembrava sensualidade e pecado; aqui, é uma pobre mulher, muito humilde e piedosa, que retoma a mesma atitude e dá tudo, até mesmo aquilo que podia facilmente guardar. A pecadora foi perdoada, e Deus a admirou — *por todo o mundo será contado o que ela fez* (Mc 14, 9); a mulher pobre é exaltada. Quer seja por perfume de luxo, do valor de trezentos denários, quer por duas pequenas moedas, de valor irrisório, é sempre pelo dom total, pela entrega espontânea do próprio ser a Deus que se obtém a entrada na plenitude da graça.

Meu Deus, dai às almas tímidas força para não vacilarem. Conheço algumas a quem apenas a espessura de uma folha de papel separa da generosidade total, mas nunca têm a ousadia serena de rasgar esse frágil obstáculo. Não ousam apoiar-se unicamente em Vós. Estamos reduzidos, infelizmente, a advogar junto do povo cristão a causa do devotamento total; devemos explicar, justificar e prometer; e enquanto falamos, a multidão dos pagãos espera por quem os batize, e a grande massa dos extraviados clama, inutilmente, na escuridão.

Duas pequenas moedas. Sim, se o quiserdes, dividi em duas partes a vossa vida, os vossos dias e bens. Isto, à direita; aquilo, à esquerda. Disponde as proporções como melhor vos parecer, aplicando coeficientes e divisores. E, terminadas estas operações, tornai as duas porções da vossa riqueza, colocai-vos na fila dos fiéis que se dirigem para o cofre das oferendas eternas e depositai a primeira porção para Deus, e em seguida deitai também a segunda, guardando no coração somente a liberdade de servir a Cristo e a alegria de não possuir outra coisa afora Ele.

Os pobres são evangelizados, dizia Jesus. E o são de tal modo, que nos evangelizam por seu turno, mas temos ouvidos duros e corações prevenidos contra as surpresas das graças generosas.

O MEU JUGO É SUAVE

> Tornai sobre vós o meu jugo e aprendei de mim, que sou manso e humilde de coração, e achareis descanso para as vossas almas. Porque o meu jugo é suave, e o meu peso, leve (Mt 11, 29-30).

Senhor, no dia em que pronunciastes estas palavras, muitos dos vossos ouvintes as julgaram bem temerárias, para não dizer absurdas. O vosso jugo é suave! Mas... e os mandamentos todos, os deveres de estado, as múltiplas e perpétuas obrigações? O vosso jugo é suave! E o perdão das ofensas, a guerra ao egoísmo? Sê-lo-á, apesar da nossa natureza indolente e do sumo cuidado em evitar esforços penosos?

Olho em torno de mim. Parece que tudo conspira para contradizer a vossa tranquila afirmação. Numerosos cristãos não levam mais que a metade ou a terça parte do vosso fardo, e não obstante já se creem sobrecarregados. Vemo-los arrastando-se de queda em queda, julgando desumanas as exigências da virtude e que exigis demasiado da nossa fraqueza. Uns não observam mais que dois ou três dos dez mandamentos; outros Vos concedem apenas algumas horas por ano — as da Missa aos domingos —, mas isso quando lhes sobra tempo... E dizeis suave o vosso jugo!

Mas, Senhor, escutai o que dizem ou, antes, escutai o que tantas vezes digo eu mesmo: se pedísseis menos, obteríeis talvez alguma coisa; somos como contribuintes a quem se impuseram taxas superiores aos seus recursos; vossos preceitos exagerados matam a nossa boa vontade.

Vós quereis demasiado puros os vossos eleitos. Por isso, quando encontro no Evangelho esta afirmação peremptória: o meu jugo é fácil de levar, não ouso deter-me em reflexões; temo vê-la desaparecer entre objeções. Passo apressadamente, fingindo não ouvir.

Enganar-se-ia a vossa Sabedoria infinita? Ou quem sabe se, para encorajar as nossas almas tímidas, procedestes como o mercador, encarecendo os méritos da vossa doutrina e louvando com excesso as vantagens da fidelidade em vosso serviço? Esclarecei as trevas da minha incerteza e explicai-me em silêncio as vossas palavras eternas.

A vossa lei é um jugo. Já o diziam antes de Vós os rabinos, ao falarem das Tábuas do Sinai. A vossa lei é um jugo, e recomendastes que o tomássemos, que no-lo impuséssemos corajosamente — *tomai sobre vós o meu jugo.*

Há duas maneiras de aceitar um jugo: uma, que parece bem razoável, mas é totalmente absurda; outra, que parece absurda, mas é inteiramente razoável.

Vou buscar água com dois baldes suspensos nas extremidades de um jugo de pau. Por que colocar esse jugo sobre os dois ombros, e tolher assim toda a liberdade de meus movimentos? Não seria mais razoável colocá-lo sobre um só ombro, deixando livre o outro? Não levaria assim só a metade do peso? Puro engano! Carregaria o dobro, isto é, sentir-me-ia duplamente impotente para erguer a carga. A sabedoria desencaminha-se quando quer prevalecer contra o mandamento divino; a razão se obscurece pela insensatez.

Os outros, os simples e ingênuos, as almas singelas e retas, aceitam a ordem divina, colocam o jugo do Senhor sobre os dois ombros, com a cabeça bem ao meio, dispostos a receber toda a carga e a renunciar a toda a independência pessoal. Estes parecem levar o dobro do peso, mas vede-os em marcha: dir-se-ia não levarem mais que a metade, pois os fardos equilibram-se, e o da direita parece aliviar o da esquerda.

Quando se leva generosamente o jugo da lei de Deus o conjunto torna-se mais leve, assim como o melhor meio de nos tornarmos corajosos é inculcar coragem nos outros, e o método mais eficaz de aliviar o próprio sofrimento é diminuir o dos outros.

Gostamos de regatear; dizemos: conservarei as aparências da honestidade, salvaguardarei o aspecto exterior da virtude, mas não posso *além disso* vigiar o meu interior e regular os meus desejos secretos. Tarefa impossível. Colocais o jugo sobre um só ombro, mas não o levareis longe; é difícil conservar o aspecto exterior, quando a desordem interior faz dessas aparências honestas uma hipocrisia contínua. Se fiscalizásseis os vossos pensamentos e regulásseis o íntimo da vossa alma, não teríeis de vos preocupar com as aparências externas, do mesmo modo que o homem alegre não precisa preocupar-se de afetar alegria ou forçar laboriosamente os músculos do riso.

Diz-se: não irei até a falta grave, mas não posso evitar as pequenas leviandades e as complacências mínimas; não posso renunciar às quimeras sentimentais e estimo por demais o que Deus proíbe, para poder desprender-me de tudo. Tarefa impossível, querer conservar meia-castidade, passar pelo fogo sem ficar com o cheiro e a marca da queimadura.

Perguntai aos sinceros, àqueles que entregaram a Deus, num gesto irrevogável, todos os seus afetos; perguntai-lhes se o sacrifício lhes é doloroso como o fogo do inferno; responder-vos-ão, convictos, que lhes parece jamais terem feito sacrifício algum e que nada lhes é mais fácil do que não calcular.

Aquele que só conhece estas duas palavras: *nada* e *tudo*, não se embaraça com a busca de quocientes, não perde tempo com multiplicações. Perguntam--lhe quanto dá: *Tudo;* o que conserva: *Nada.* Com estas duas palavras, entra--se em linha reta na eternidade luminosa. O jugo do Senhor não magoa o ombro desses fiéis, ao contrário do que acontecia outrora na fábula e acontece hoje no mundo, com a ridícula ânfora das Danaides*: a cobiça humana sempre insatisfeita.

_____

(*) Segundo a mitologia grega, as Danaides, por terem dado morte a seus esposos, estavam condenadas a encher de água uma ânfora cheia de buracos. (N. do T.)

Fardos sobre fardos tornam mais pesados os corpos, mas fazem mais leves as almas, como as asas que pesam sobre o pássaro, mas lhe servem ao mesmo tempo de apoio para subir. *Onus cuncta exonerans*. É um peso que suprime todos os mais.

QUANDO EU VOLTAR...

Jesus, retomando a palavra, disse: Um homem descia de Jerusalém para Jericó e caiu nas mãos dos ladrões, que o despojaram, e, tendo-lhe feito feridas, retiraram-se, deixando-o meio morto. Ora aconteceu que descia pelo mesmo caminho um sacerdote, o qual, quando o viu, passou de largo. Igualmente um levita, chegando perto daquele lugar e vendo-o, passou adiante. Um samaritano, porém, que ia de viagem, chegou perto dele, e, quando o viu, moveu-se de compaixão e, aproximando-se, cuidou de suas feridas, lançando nelas azeite e vinho. Pondo-o depois sobre o seu jumento, levou-o a uma estalagem e teve cuidado dele. No dia seguinte tirou dois denários, deu-os ao estalajadeiro e disse-lhe: Tem cuidado dele; quanto gastares a mais, eu to satisfarei quando voltar (Lc 10, 30-35).

Muito se tem falado do bom samaritano. Desde que Vós no-lo propusestes como exemplo, ou antes, desde que entrevimos a vossa bondade através da sua, ele se nos tornou caro e desejamos assemelhar-nos a ele.

Isto é perfeito, meu Deus, ninguém ousa negá-lo; mas confesso que me sinto por vezes embaraçado, quando tento aplicar a vossa parábola a tantos cristãos de existência obscura e meritória. Nem todos podemos socorrer feridos no caminho de Jericó. A vossa Providência não nos permite desempenhar sempre este papel importante na salvação das almas. Quando somos forçados a dar aulas a crianças de aldeia durante cinquenta anos, não podemos fugir a essa tarefa para percorrer montes e vales em busca de grandes pecadores. Quando se é na família a boa tia caridosa ou a avozinha amável, não se ousa dizer que se derramou vinho e bálsamo em feridas profundas, nem que se salvou o próximo das garras dos ladrões.

Haveria muita declamação nesses dizeres. As almas sinceras fogem disso, e assim, não sabem por vezes traduzir na prática a lição do bom samaritano. A existência parece-lhes sem brilho e falha, porque nunca levaram até a hospedaria, deitado em arreios, o grande ferido de que nos fala o Evangelho. Será que essas almas retas não descobrem nenhuma mensagem na vossa parábola?

Quando resplandecem os faróis luminosos, desaparece a claridade das velas; a ação brilhante do bom samaritano parece ofuscar a virtude sólida e fiel do estalajadeiro, seu colaborador. Esse pobre *stabularius* tem sido pouco considerado pela tradição. Quase não se tem pensado em interrogá-lo. No entanto, esse servo silencioso reflete tão bem a nossa imagem! A sabedoria divina colocou-o nesta história para nosso ensino. Refletindo nela, descobre-se que ele teve a maior parte do trabalho e mostrou a mais perfeita fidelidade.

O cavaleiro deixou em casa do estalajadeiro o ferido, todo coberto de ataduras, e disse-lhe: Cuida bem dele, meu caro amigo! Depois, tirou da bolsa dois denários, quantia manifestamente insuficiente e que ele mesmo sabia não bastar para cobrir as despesas — *quanto gastares a mais, eu to satisfarei.* E finalmente, o último traço, que vem pôr em fuga a nossa prudência mercantil: Quando voltar, pagarei o resto. Eis um crédito bem pouco seguro! Era sabido que os viajantes corriam riscos nessa região, e essa indicação vaga — *quando voltar* — só podia tranquilizar os ingênuos.

O samaritano começou magnificamente a sua empresa de salvamento, mas passou-a de modo igualmente magnífico ao estalajadeiro; se este recusasse entrar em acordo, ou se não cuidasse do infeliz, ficaria estéril o belo gesto inicial. E o caridoso homem se foi, no seu cavalo. — *Quando voltar...* Deus sabe se voltará. No entanto, o dono da hospedaria se fará enfermeiro. Nem sequer lhe pediram a opinião, nem teve tempo para responder. Ficou perplexo? Encantado? Não o sabemos.

Eis aí, Senhor, o meu verdadeiro modelo. Não tenho cavalo para correr pelos grandes caminhos, e nunca tive oportunidade de recolher feridos nos meus braços. Sou um humilde trabalhador ou um pobre enfermo, cravado no leito há vinte anos, ou o que o mundo chama, com certa crueldade, uma solteirona. Parece-me que Vós me tratais como o samaritano tratou o estalajadeiro. Não tenho que começar obras, mas simplesmente continuar a vossa, na obscuridade e no silêncio, com todo o coração, até ao fim.

Quando voltar. Quando voltardes, meu Deus, pagareis todas as despesas que fiz a mais. Trouxestes-me penosos deveres, e ajuntastes ainda o cuidado de toda a espécie de tarefas providenciais. Pedistes-me que tivesse toda a paciência necessária às obras do cuidado do lar e da educação, e descarregastes em minha casa muitos trabalhos, incômodos como um ferido maçante, e que me atormentam dia e noite. *Tem cuidado dele!* Meu Deus, quantas vezes, antes mesmo de poder protestar, tenho ouvido estas palavras da vossa boca! Quantas vezes veio a mim o próximo, dizendo, sem cerimônia: Ocupa-te com isto!

E vi-me assaltado de objeções, e por vezes de impaciência. Não tenho tempo, e além disso tratam-me sem nenhuma consideração: roubam-me os dias, não me deixam descansar nem gozar em paz as minhas pequeninas alegrias; e não posso sequer mostrar-me mal-humorado. Pensam que o meu único ofício é prestar serviços. Assim murmurava eu, sabendo bem que tais murmurações eram insensatas e que não Vos alarmaríeis com elas.

Forçastes-me a conceder-Vos crédito. Fiz mais do que devia; dei com excesso — *gastei a mais*... Vede a minha vida: há cortes em minhas florestas, cortes pela raiz, que nunca me foram pagos. Vede a minha vida! Se por acaso não voltardes, não ficarei ludibriado pela vossa manobra? *Quando voltar...*

É preciso esperar por Vós e viver de fé; assim o faço todos os dias, e posso dizer que esta experiência é benfazeja e reconfortante. Completar o que a vossa Providência começou, instruir crianças regeneradas pelo vosso batismo, curar homens resgatados pela vossa Paixão, falar cada dia aos que o vosso Espírito chamou, consolar os que receberam a promessa da vossa bem-aventurança, colaborar convosco sem trégua nem fraseados inúteis, eis o que Vos peço, meu Deus. Dai-me amar essa tarefa e aceitar, humildemente, ser o estalajadeiro da parábola, desempenhando o seu papel tão útil quão obscuro, sob um nome quase ridículo.

Quando não participamos desde o começo numa empresa, há muita probabilidade de que ela nos repugne, porque procuramos o brilho, e não o bem; preferimos parecer a ser. Livrai-me, Senhor, de minhas tolices. Fazei que aceite viver onde me colocastes, e que receba, sem medir sacrifícios, os feridos que a vossa Providência enviar a minha casa. Fazei que me contente com os mais ínfimos salários, e que, de todo o coração, acredite na vossa volta, não tanto para ser pago quanto para Vos encontrar, Senhor, finalmente, face a face.

ATÉ A BORDA

Três dias depois, celebravam-se umas bodas em Caná da Galileia e encontrava-se lá a mãe de Jesus. Foi também convidado Jesus com seus discípulos para as bodas. Faltando o vinho, a mãe de Jesus disse-lhe: Não têm vinho. Jesus disse-lhe: Mulher, que nos importa a mim e a ti isso? Ainda não chegou a minha hora. Disse sua mãe aos que serviam: Fazei tudo o que Ele vos disser. Ora estavam ali seis talhas de pedra [...]. Disse-lhes Jesus: Enchei as talhas de água. Encheram--nas até a borda. Então disse-lhes Jesus: Tirai agora e levai ao mestre--sala. Eles levaram. O mestre-sala, logo que provou a água convertida em vinho [...], chamou o esposo e disse--lhe: Todo o homem serve primeiro o bom vinho, e, quando já beberam bem, então lhes apresenta o inferior; tu, ao contrário, tiveste o bom vinho guardado até agora (Jo 2, 1-10).

Para sacudir a minha inércia, dez mil pedagogos oferecem seus bons serviços. Rodeiam-me de modelos heroicos, e inumeráveis livros propõem-me exemplos gloriosos. Por que permaneço tão frio, apesar de tantos estímulos? Será que faço mal, ó meu Deus, em não arriscar a escalada dos cimos, em permanecer nesta monotonia de uma vida tão falha de grandes desejos, procurando à minha volta, sem harmonia e sem gestos, a medida da minha perfeição? Nunca me dissestes: Bem-aventurados os que sonham. Vou procurar no vosso Evangelho não os papéis mais importantes, mas os devotamentos mais obscuros. Parece-me que estão ao meu alcance e que poderei, sem presunção, inscrever-me nas suas fileiras.

Quando manifestastes o vosso poder em Caná, mudando a água em vinho, para firmar a fé dos discípulos, os criados, silenciosos, permaneciam de pé junto às grandes ânforas enfileiradas ao longo da parede. Meu Deus, creio que esses servos fiéis me mostram, com o seu exemplo discreto, o meu dever. Nada disseram; mas a vossa santa Mãe, que Vos conhecia, murmurou-lhes baixinho ao passarem junto dela: Fazei tudo o que Ele vos disser. A advertência foi compreendida. E quando ordenastes: Enchei de água essas ânforas, sem uma palavra, num só gesto, encheram--nas até a borda — *usque ad summum.* Só isto, e foi o bastante. Não se lhes podia pedir nem mais uma gota. Até à borda: eis uma fórmula de perfeição.

Quereis Vós, ó meu Deus, que seja minha, que seja nossa esta fórmula? Eles só puderam encher as ânforas com água insípida, por não terem outra. Mas, por contraste, esta pobreza ia realçar o vosso poder.

Também eu não tenho mais que a minha vontade, o meu desejo, os meus dias e anos, e tudo isto, lançado nas ânforas eternas, é bem insípido: não tem cor, nem aroma, nem sabor. Fico por vezes assustado quando vejo a insignificância de tudo o que a memória conservou de períodos inteiros da minha vida. Meus dias escoaram como água inútil por entre fendas rochosas, meus desejos perderam-se em tarefas inglórias e a minha própria fidelidade já não tem brilho algum.

Até a borda. Mas posso ao menos cumprir o meu dever *até a borda,* e só me considerar em dia com ele quando já não tiver mais forças. Há um modo de oferecer água comum com gesto real e de cumprir com perfeição a mais simples tarefa.

Mas vejo que a minha ânfora nem sequer está cheia. Por negligência ou por avareza, não Vos dei tudo o que Vos poderia ter dado; conservei a disposição da minha vida, em vez de

Vo-la entregar; quis conservar o uso da minha liberdade e a possibilidade de Vos abandonar, logo que a vossa perfeição infinita me fatigasse; e disse: Devo cuidar de não dar demasiado, de não me exceder na dedicação, para não perder uma só ocasião de legítimo gozo. Afinal, não dissestes aos servos que enchessem os vasos *até a borda*. Deixastes-lhes o cuidado de compreenderem por si mesmos o sentido dos vossos preceitos.

Que é cumprir o próprio dever? Por que não me deter no limite do possível? Serei obrigado a fazer sempre o melhor? Prejudicarei a obra divina, subtraindo habilmente ao Mestre Soberano o que, aliás, Ele não exige?

Todas essas considerações mesquinhas assaltam a minha alma, quando devo decidir a parte que Vos hei de dar, ó meu Deus! Examino-as e procuro agir com habilidade, procurando soluções cômodas. Preciso salvar as aparências, e não sacrificar mais que o necessário... E estes malditos adiamentos, estas vacilações doentias, tiram-me a liberdade e não permitem empregar na minha vida o máximo de fidelidade.

Até a borda. Tal como os pequeninos, que amam de todo o coração, e dormem de punhos cerrados, e correm livremente, e riem com exuberância, e choram sem reter as lágrimas. E por não ser *total* em coisa alguma, que não tenho por mim mesmo nenhum sentido e a minha vida me parece uma grande reticência, um balbucio tímido, um eterno passo em falso. Bem-aventurados aqueles que um dia disseram a Deus: Eis os anos que me restam de vida; ei-los, todos ao longo da muralha secular ... Senhor, *até a borda,* sem a mínima reserva, quero enchê-los de fidelidade. São todos vossos; Vós enchereis a minha vida.

O dever insípido e vulgar, a dedicação e o trabalho... *ad summum*. Encher de luz o meu espírito, tanto quanto possível; fortificar a minha vontade com um amor vigoroso; encher a minha memória de pensamentos sadios e lembranças eternas, aplicar todas as energias na minha tarefa e empregar toda a minha vida a servir o próximo, não será isto, para mim, *ó* meu Deus, a única salvação e para Vós o único triunfo?

Precisais de corações assim, cheios a transbordar, porque tudo quanto foi lançado nas ânforas de Caná, Vós o transformastes em vinho miraculoso; e foi na verdade esse vinho que eles gastaram. Fazei-me compreender esse Evangelho, livrai-me de tudo o que em mim não Vos pertence. Deveria entregar-Vos todos os meus tesouros. Eu saberia assim que sois o Senhor de tudo e que todo o bem me vem de Vós.

O vosso gesto sobre as minhas insípidas virtudes torná-las-á dignas de alegrar os vossos eleitos.

Haverá algo mais absurdo do que entesourar água cristalina, quando as fontes são inesgotáveis? Haverá algo mais insensato do que guardar para si mediocridades, que proliferam em toda parte, em vez de entregar tudo a Deus, num movimento calmo e sem retorno? Vejo aqueles para quem olháveis em Caná, enquanto executavam as vossas ordens; vejo-os vertendo a água nos vasos com mão segura, sem a menor vacilação, até a borda. E espero, com a vossa ajuda, compreender o sentido infinito desse símbolo humilde.

EU SOU O CAMINHO

> Disse-lhe Tomé: Senhor, nós não sabemos para onde vais; como podemos saber o caminho? Disse-lhe Jesus: Eu sou o caminho, a verdade e a vida; ninguém vai ao Pai senão por mim (Jo 14, 5-6).

Há um grande sacramento, um mistério profundo de amor que torna divinos os caminhos pelos quais andamos. Falo de caminhos, de caminhos verdadeiros, daqueles que trilhamos, com passos fatigados ou cheios de esperança, caminhos traçados pelo homem na terra que ele herda ao nascer e que um dia receberá o seu caixão. Não será por isso que a teologia, para qualificar a raça dos que sofrem, chamou a todos os filhos de Adão *viatores* — viandantes?

Meu Deus, fazei-me compreender o sinal mudo que se esconde nas coisas, e ensinai-me o evangelho do caminho. Lembro-me de que os romanos já falavam de caminhos sagrados. Eles não compreendiam, apenas entreviam. Coisas maravilhosas acontecem em nosso caminho, quando esperais nas encruzilhadas os vossos eleitos: a nossa salvação se efetua, talvez, como a de Saulo, quando ia para Damasco através de um caminho familiar. Seguir um caminho é ser dócil e confiante. Quando não encontramos o caminho, dizemos simplesmente que estamos perdidos, como acontece com aqueles que não descobriram ou abandonaram a via segura e reta que leva à vossa luz — *por teus caminhos*.

Confiamos no caminho. Se algum rio impede a passagem, sabemos que a dificuldade foi prevista e uma ponte nos livrará de apuros; se precisamos atravessar a floresta, sabemos que os lenhadores nos precederam, e no meio do mato, como para um rei, o percurso estará livre. Que o caminho escale ou desça montanhas, vai sempre contornando abismos; é um pouco como Vós, Senhor, pois, sem nada dizer, e à custa de intenso labor, une docemente as almas e as coisas — *faz de várias coisas uma só* —, e aproxima os estranhos.

Não me admiro, pois, de que a Igreja tenha santificado os nossos caminhos e de que encontremos no breviário uma *bênção para os viajantes*. Seguir ao longo dos caminhos até um termo longínquo e invisível é recomeçar o gesto de Abraão, ao partir da Caldeia (Gn 12, 1) e o dos Magos, ao dirigirem-se a Belém (Mt 2, 1-11). Não Vos encarregastes Vós mesmo de dizer aos Magos que era melhor tomar outro caminho de volta à sua terra?

Ah, os velhos caminhos da cristandade, que levam a santuários antigos, e pelos quais milhares de peregrinos têm caminhado! Não, já não posso considerar como atos profanos todos esses passos que alinho ao longo dos caminhos terrestres. Viestes Vós mesmo percorrer os nossos caminhos, discutistes com os vossos Apóstolos os melhores itinerários; evitáveis a Judeia ou a Samaria; foi num caminho que Pedro vos reconheceu como Filho de Deus e Vós lhe confiastes as chaves do Reino; e foi no caminho da Cruz, ó meu Deus, que resgatastes o mundo e me perdoastes. Quando me apresso, enfermo, estugando o passo pelo caminho, faço como Vós; quando a caminhada me fatiga, e a extensão da jornada me esgota, sou como Vós. É quase sempre nos nossos caminhos que a vossa graça onipotente nos quer atingir. O cego Bartimeu o experimentou (Mc 10, 46), e do mesmo modo o etíope convertido por Filipe (At 8, 27), a Samaritana (Jo 4, 5-26), e todos os que se sentiram atraídos, através dos séculos, pelos vossos santuários.

Eu sou o caminho. — Nada mais discreto nem mais imperioso que um caminho. Tomar a direita ou a esquerda equivale a extraviar-se. Permanecer nele é ficar a salvo. Seja a vossa Providência o meu caminho! Que me poderá faltar, se não Vos abandono? E se sois o caminho, a que termo podereis levar senão a Vós mesmo e ao esplendor do Pai?

Mas não é fácil permanecer fiel ao caminho. Quando dá voltas, não diz por quê. É mudo e calmo como Vós. A ciência míope que existe em mim inventa atalhos, quando a vossa vontade me conduz por sinuosidades. Sou sempre tentado a corrigir o itinerário que traçais, e minha vontade é constantemente assaltada por imperiosos "porquês". Por que pedis tal sacrifício? Por que me preparais importunos encontros? Por que me conduzis à abnegação total, à provação e à enfermidade? Por que, sobretudo, tardais tanto em me conceder a felicidade que espero e a libertação que entrevejo?

O vosso caminho é sinuoso, e no entanto nos dissestes pelo Profeta e pelo Precursor que andáveis sempre em linha reta: *endireitai as suas veredas* (Mt 3, 3). Dissestes que todos esses caminhos tortos deviam ser endireitados; *os caminhos tortuosos tornar-se-ão retos, e os escabrosos planos* (Lc 3, 5).

Parece-me que há contradição entre as vossas palavras e a vossa conduta, e que a vossa Providência não gosta dos caminhos retos... a não ser que me engane.

Tive sempre a mania de julgar reto tudo o que é conforme com o meu desejo, e correto tudo o que penso. Quando o meu plano e o vosso entram em desacordo, julgo que o vosso é que está errado. A hora exata é sempre a da minha impaciência, e todos os relógios se me afiguram atrasados, sempre que a minha cupidez não alcança o que deseja. Tomo, tolamente, por linhas feitas à corda os ziguezagues insensatos de meus caprichos.

Não, oh não! Sois Vós que, sem Vos intimidardes com meus gestos e clamores, continuais a andar em linha reta para o objetivo. Os meus atalhos é que são precisamente os desvios. E quando olho para trás, para o horizonte dos meus dias passados, para as etapas já concluídas, vejo bem que a vossa vontade a meu respeito era, Senhor, uma vontade resoluta e firme, e é a retidão do vosso pensamento que me dá medo.

Sei que, por vossa paixão e morte, me levais à glória da ressurreição,

e por isso Vos suplico que me prote-
jais de mim mesmo e não permitais
que me extravie, nem que me invada
a fadiga de Vos ser fiel. Deixai-me ser
viandante até o fim, e sede o termo da
minha peregrinação.

CÂNTICOS GRADUAIS*

Que alegria quando me vieram dizer: "Vamos subir à casa do Senhor...". Eis que os nossos pés se estacam diante de tuas portas, ó Jerusalém. Jerusalém, cidade tão bem edificada, que forma um tão belo conjunto! Para lá sobem as tribos, as tribos do Senhor, segundo a lei de Israel, para celebrar o nome do Senhor. Lá se acham os tronos da Justiça, os assentos da casa de Davi (Sl 122, 1-5).

Há um símbolo em cada ação que praticamos. Vós nos falais na linguagem

---

(*) Referência aos quinze Salmos (119 a 133), também conhecidos como Salmos das Ascensões, que no culto israelita se cantavam enquanto se subia a escadaria do Templo. (N. do T.)

das coisas; a cada instante recebemos as vossas lições através das coisas mais humildes.

Ao longo de toda a minha vida, tenho subido tantas escadas! E como pode ser que ainda não tenha descoberto, nesse gesto tão vulgar, todo o evangelho que encerra? Como não observei ainda que basta compreendê-lo bem para adquirir conhecimentos antigos e enriquecer-me de luzes purificadoras? Afinal, não tenho outra coisa a fazer neste mundo senão subir. A Ascensão é, Senhor, o derradeiro mistério da vossa existência visível e, apesar do meu peso natural, devo também realizar esse milagre, elevando-me até Vós *nas alturas*.

Tenho desprezado estas lições tão simples. Uma escada parece-me coisa vulgar. É preciso que Santo Aleixo se esconda debaixo de uma delas*, para que me decida a observá--la. E no entanto, grave e meiga como velhos pedagogos, religiosa e solene como um sacerdote, é a escada diante da qual o celebrante para ao começar a Missa, ante a qual se inclina para dizer o *Confiteor*, e que só se pode subir orando... *para que mereçamos entrar no Santo dos Santos com a alma purificada*. Não era rumo à escadaria do templo que se apressavam os vossos discípulos à hora nona, quando permitistes a Pedro curar o paralítico (At 3, 1)? Não nos lembra esta escadaria a festa da Apresentação (Lc 2, 22)? E não foi por uma escada que subistes, lentamente, ao encontro de

---

(*) Segundo reza a lenda, Santo Aleixo (séc. V) teria regressado à casa dos pais dezessete anos depois de a ter abandonado para se entregar a uma vida de penitência, e, não se dando a conhecer, teria morado nela debaixo de uma escada, como mendigo, até a morte. (N. do T.)

Pilatos no lugar chamado Litóstroto (Jo 19, 13)?

Foi também por uma escada que subiu o velho profeta Eliseu, quando entrou na casa da Sunamita para reanimar o corpo da criança estendida no leito (2 Reis 4, 34). Por uma escada desceu precipitadamente São Paulo, quando um jovem, que adormecera sentado à janela durante o longo discurso do Apóstolo, caiu cheio de sono sobre a laje dura da rua (At 20, 9). Os vossos mártires souberam subir as escadas dos patíbulos, e o povo eleito cantava salmos sobre os degraus, como repetimos ainda hoje o gradual após a Epístola.

Tudo foi santificado pela vossa presença entre nós; e assim, podemos também subir em silêncio, piedosamente, a escada, em vossa memória, como em vossa memória celebramos a sagrada Ceia ... Porque esse gesto traduz fielmente o que somos: seres carregados de desejos e de peso, que só penosamente se podem elevar, e a passos lentos. Somos os *aggravati*; sobrecarregados como estamos, nossos joelhos tremem e dobram-se; o coração palpita no peito quando nos lembramos de que, além dos nossos fardos, temos ainda de nos levar a nós mesmos, para nos estabelecermos acima de nós. Eis-nos chegados a esse ponto. Gradualmente, conseguimos escalar contornos vertiginosos; fazendo buracos na neve, talhando a pedra para aí firmarmos os pés, nós, quais pequeninas formigas, atingimos lentamente o cume das montanhas.

Senhor, por que, para subir até Vós, não teremos a mesma coragem com que galgamos montanhas? Por que havemos de temer a escalada do vosso Sinai, para ir falar-Vos e contemplar-Vos face a face? Quando penso na imensidade do esforço, sinto-me esmagado.

Como farei para atingir o inacessível? Mas o que não podemos realizar de uma só vez, conseguimo-lo por vezes dividindo a tarefa: basta subir os degraus dos meus dias, fiel ao dever, com o rosto voltado para Vós. Depois que descestes até a humanidade, há um caminho aberto para subir até Vós.

Calçastes as nossas pesadas sandálias de viandantes. Sabíeis muito bem, ao fazer-Vos homem, que a tarefa era rude, que era preciso subir e descer, e penar sob o peso da fadiga. Convosco quero subir; do fundo da minha miséria clamo a Vós: *de profundis* ... (Sl 129, 1). A cada passo dado, mais me aproximo de Vós. Não se diz que a virtude tem: *degraus,* e a oração também, como a hierarquia da Igreja e os nove coros dos anjos?

Uma escada é um professor de paciência e de energia. Se não for para ir até o fim, é inútil começar a ascensão.

Parar a meio caminho é aniquilar todo o esforço anterior. Numa estrada, acontece por vezes ser impossível ir mais longe. Fez-se um passeio, e nada mais; após alguns olhares de relance pelo panorama, volta-se para casa. Nada há de ridículo nisto. Mas que louco haverá que passeie por escadas, que volte para baixo antes de ter atingido o patamar, o andar, a porta, a plataforma, sem o que não terá sentido o seu ato? Cada passo exige imperiosamente o seguinte, e seremos tanto mais inconsequentes quanto mais demorarmos em dá-lo.

Olho para trás de mim. O número dos dias que percorri aproximou do termo a minha vida; os anos da infância se perdem, ao longe, na bruma do passado, como vales que se contemplam das alturas. Já não estou ao nível dessa existência anterior. Posso parar e gemer, mas já não posso descer. Todo o meu futuro está para cima.

Meu Deus, uma só coisa Vos peço esta noite. Fazei que a morte não me surpreenda a meio caminho na minha ascensão para Vós; antes, à maneira dos antigos Patriarcas, fazei que esteja completo o número dos meus dias quando vierdes exigir as contas decisivas. Sim, que esteja completo o número dos meus dias, isto *é*, subidos todos os degraus, terminadas todas as ascensões e fielmente cumpridos todos os deveres, de sorte que a minha vida atinja o cume que a vossa Providência previu para mim, desde a eternidade, no seu plano redentor. Não quereria que minha alma se detivesse em meias alturas; sobretudo, não desejaria que, com o decorrer do tempo, e quase inconscientemente, me pusesse a descer.

E quando eu subir por humildes escadas, dez, vinte vezes por dia, procurarei resumir toda a minha vida nesse gesto; nele encerrarei todo o sentido da minha existência, e Vos glorificarei, porque, não obstante o meu peso natural e o fardo dos meus males, para Vos prestar serviços ou para Vos agradar, subirei, degrau a degrau, a escada que me há de conduzir ao Céu.

Direção geral
Renata Ferlin Sugai

Direção editorial
Hugo Langone

Produção editorial
Juliana Amato
Gabriela Haeitmann
Ronaldo Vasconcelos
Daniel Araújo

Capa
Provazi Design

Diagramação
Sérgio Ramalho

ESTE LIVRO ACABOU DE SE IMPRIMIR
A 8 DE SETEMBRO DE 2023,
EM PAPEL OFFSET 90 g/m².